LETTER REVIEW

Circle the letter named in the box.

ד	שׁ	תּ	ר	TAV	1
ר	ד	שׁ	ת	SHIN	2
ד	תּ	ר	שׁ	RESH	3
תּ	ר	שׁ	ד	DALET	4
ר	שׁ	תּ	ד	SHIN	5
שׁ	ת	ר	ד	TAV	6
ד	ר	שׁ	תּ	DALET	7
ת	שׁ	ד	ר	RESH	8
שׁ	תּ	ר	ד	TAV	9
תּ	ר	שׁ	ד	SHIN	10

ת

1 תַּת תּוֹתוֹ תֵתֵּ תּוֹת

2 תַּת תָּת תֵּת תּוֹ

3 תֵּתֵ תֵּתוֹ תֵתָתֵ תּוֹתּוֹת

שׁ

4 שַׁשֵׁ שֵׁשׁ שׁוֹשָׁ שׁוֹשׁ

5 שַׁת שַׁתַּ שׁוֹתָ תַּשׁ

6 תֵּשָׁ תּוֹשׁ תָּשֵׁשׁ שֵׁשֵׁת

ר

7 רַרוֹ רֵרָ רוֹרוֹ רַרָ

8 תָּר שָׁר תּוֹר תּוֹרָ תּוֹרָתוֹ

9 שֵׁרוֹת תֵּרוֹשׁ רֵשֵׁת שָׁתֵר רוֹשֵׁשׁ

ד

10 דַדוֹ דֵדָ דַד דוֹד

11 דוֹדָ דוֹר דוֹרוֹ דָתוֹ

12 תּוֹדָ רֵדֵת שֵׁדֵר תֵּרֵד דָרַשׁ

REMEDIATION

Look-Alike Letters

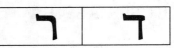

ד	ר

Two letters in each row are different.

Cross out the two letters that do not belong.

ר ר ד ר ר ר ר ר ד ר ר

ד ד ד ר ד ד ד ד ד ר ד

Draw a circle around each letter that has the saying sound of D:

ר ד ד ר ד ד ד ד ר ד ר

Draw a circle around each letter that has the saying sound of R:

ר ד ד ר ד ר ר ד ר ר ד

Circle REE דֶ רֶ רַ דוֹ רִי דָ דִי רָ

Circle DAH רָ דוּ דֶ רְ דֵ דַ רֶ רֹ

Circle REH רִ דֵ דֶ דוּ רֶ רָ רְ דֶ

Read:

דוֹד דוֹר תּוֹדָ תּוֹרָ דָרַשׁ

דוֹשׁ רוֹשׁ דֶרֶ דַר תֵּרֵד

LETTER REVIEW

Circle the letter named in the box.

ל	תּ	בּ	ד	BET	1
ד	ל	ב	מ	MEM	2
מ	ב	ם	ת	VET	3
מ	ר	ל	ד	LAMED	4
ם	ד	ב	שׁ	MEM	5
מ	תּ	בּ	ל	TAV	6
שׁ	מ	ר	ד	RESH	7
ד	ר	ת	ל	DALET	8
ל	שׁ	בּ	ד	SHIN	9
מ	ר	ב	ת	MEM	10

ל

1 לַלוֹ לֵלָ לֵל לוֹל שֶׁל

2 לָתֵת תֵּלֵד תָּלַשׁ שָׁלוֹשׁ

3 לוֹד דַלֵל שֵׁלֵד דֶלֶת שָׁלוֹל

בּ

4 בָּבֶּ בֹּר בּוּל בַּד בַּל

5 בָּרָד דַבֵּר תָּבּוּר שֶׁלֶד

6 בָּשֵׁל בְּשֶׁל בְּדַל שַׁבָּת

ב

7 דֹב רָב שַׁבָּת שָׁבַת שְׁבוּת

8 דָבָר דַבֵּר דֹבֵר וּדְבַר לוּלָב

9 דֶבֶר שָׁבוּר לוֹבֵשׁ שֶׁבֶת שְׁבָב

מ

10 מוֹר מוֹת מֵת מַת מַר

11 מְדַבֵּר מְדַבֶּרֶת מָרוֹר לוֹמֵד שְׁמוֹ

12 שֶׁמֶשׁ שְׁמוֹת וּשְׁמוֹ שְׁמוֹר שָׁמוּר

ם

13 תַּם רָם שָׁם דָם לוֹם

14 תֹּם שֵׁם בְּשֵׁם לְשֵׁם מֶם

15 שָׁלוֹם לְשָׁלוֹם בַּשָׁלוֹם מוּם שׁוּם

16 בְּשׁוּם שֶׁמֶשׁ שׁוֹמֵם לְדֹרֹתָם

REMEDIATION

Look-Alike Vowels

וּ	וֹ

Two vowels in each row are different.

Cross out the two vowels that do not belong.

וּ וּ וּ וֹ וּ וּ וּ וּ וֹ וּ וּ

וֹ וֹ וּ וֹ וֹ וֹ וֹ וּ וֹ וֹ וֹ

Draw a circle around each vowel that has the saying sound of O:

וֹ וֹ וּ וֹ וּ וּ וֹ וֹ וּ וּ וֹ

Draw a circle around each vowel that has the saying sound of OO:

וּ וּ וֹ וֹ וּ וֹ וּ וּ וּ וֹ וּ

Circle ROO דוּ רוֹ רוּ תוֹ שׁוּ דוֹ לוּ

Circle VO תוּ מוֹ בוּ לוֹ בוֹ רוּ שׁוֹ

Circle MOO בּוּ לוּ דוֹ רוֹ תוֹ מוּ בוּ

VOCABULARY READINESS

Words to Read and Understand

שָׁלוֹם	peace	לוֹמֵד	learns
שֶׁל	belonging to	שֶׁמֶשׁ	sun
דֶּלֶת	door	שֵׁם	name
שַׁבָּת	Shabbat	שָׁלוֹשׁ	three

LETTER REVIEW

Circle the letter named in the box.

ב	נ	שׁ	ג	NUN	1
ה	ד	ת	ב	HAY	2
נ	ת	מ	ה	MEM	3
ב	ג	נ	ד	GIMMEL	4
ר	ד	ג	ן	NUN	5
שׁ	בּ	ל	תּ	BET	6
תּ	ם	שׁ	בּ	SHIN	7
ל	ן	ם	ה	LAMED	8
ה	ר	ד	ג	DALET	9
ב	ד	נ	ר	RESH	10

READING REVIEW

נ

1 נֵר נֵרוֹת נָד נֶדֶר

2 בָּנוּ וּבָנוּ לָנוּ תַּנוּר

3 נָדַר נְדוֹר נֶבֶל נָמֵר נֵבוֹשׁ

ן

4 בֵּן לָן שֵׁן מַן נוּן

5 נוֹתֵן שֶׁנָתַן לָשׁוֹן שֶׁמֶן רוֹדָן

6 לָלוּן לָבֶן לְרַנֵן לְשַׁנֵן בּוֹנְבּוֹן

ג

7 גַג גַם גַן גַנָן גוֹל

8 גֶשֶׁם גֶבֶר גְבֶרֶת גְמֹר גוֹמֵל

9 גָדוֹל גוֹרָל גוֹרָלֵנוּ גְמֹר

ה

10 הֵם הָהֵם הִנֵה הַשַׁבָּת הַגָדוֹל

11 מַה הַר מַשֶׁהוּ הַגָדָה

12 תּוֹרָה שֶׁלָה מֹשֶׁה הוֹגֵן תּוֹדָה

13 הָבוּ מוֹרָה מְדֻמֶה הַשָׁלוֹם

REMEDIATION

נ	ג

Look-Alike Letter

Two letters in each row are different.

Cross out the two letters that do not belong.

ג ג ג נ ג ג ג ג נ ג ג

נ נ ג נ נ נ נ נ נ נ ג

Draw a circle around each letter that has the saying sound of G:

ג ג ג ג נ נ ג נ נ ג ג

Draw a circle around each letter that has the saying sound of N:

נ נ ג נ ג נ נ ג ג נ ג

Circle GEH גַ גֹ נֶ נָ גֶ גִי גֵ נַ

Circle NEE נָ נוּ גַ נוֹ גֶ גַ נֶ נִי

Circle NO נוֹ נוּ גִי נֶה גָ נִ נֵ גַ

Circle GOO נוּ נוֹ גוֹ גוּ גֶ נָ נֵ גֹ

Read:

גִבּוֹר גַם גֶבֶר נֶגֶב נֶגֶד

VOCABULARY READINESS

Words to Read and Understand

Torah	תּוֹרָה	garden	גַּן
gives	נוֹתֵן	what	מַה
thanks	תּוֹדָה	here is	הִנֵּה
great	גָּדוֹל	candle	נֵר
also	גַּם	mountain	הַר
teacher	מוֹרָה	Haggadah	הַגָּדָה

Connect the words.

נֵר	thanks
נוֹתֵן	candle
תּוֹדָה	great
גָּדוֹל	gives

גַּן	Torah
תּוֹרָה	teacher
מַה	garden
מוֹרָה	what

LETTER REVIEW

Circle the letter named in the box.

ב	ח	ה	ת	CHET	1
ר	שׁ	י	ל	YUD	2
נ	מ	ד	א	ALEF	3
ע	ה	ת	ר	AYIN	4
מ	ג	נ	ד	NUN	5
ת	ה	ח	ל	HAY	6
תּ	ם	שׁ	ה	TAV	7
ד	ג	ת	נ	GIMMEL	8
ל	תּ	בּ	שׁ	BET	9
ד	נ	ר	מ	DALET	10

ח

חַם חָתוּל חַנּוּן חַלָּה חַלּוֹת
חָלָב חוּר חוֹלֶה חָבֵר חִבּוּר
לֶחֶם אָח מַחְבֶּרֶת אָחוֹת תַּחַת
לוּחַ כֹּחַ מֹחַ רוּחַ מָרוּחַ לָנוּחַ

י

יֵשׁ יַיִן יוֹם יָד יֶלֶד יַלְדָּה
בַּיִת יְהוּדִי יָדַיִם מִי הַבַּיְתָה
הָיָה יִהְיֶה הַלְלוּיָהּ דַּיֵּנוּ יְרוּשָׁלַיִם

א

אַתְּ אַתָּה אִם אֲנִי אֵין אָח אֶחָד
אוֹמֵר יוֹשֶׁבֶת אוֹהֵב אוֹהֶבֶת מְאוֹד
אַבָּא אִמָּא חֶמְאָה הָאִם לֹא

ע

עָם עַל עוֹד עִמּוֹ עֶרֶב
עוּגָה מֵעַתָּה לָעַד הָעוֹלָם
שָׁעָה שְׁמַע יוֹדֵעַ מַדּוּעַ
שׁוֹמֵעַ הֲשָׁעָה עָמוֹן

Look-Alike Letters

ת	ח	ה

Two letters in each row are different.
Cross out the two letters that do not belong.

ת ת ת ח ת ת ת ת ח ת ת

ח ח ת ח ח ח ח ח ח ח ת

ה ה ה ה ח ה ה ה ח ה ה

ח ח ח ח ח ח ה ח ח ח ה

Draw a circle around each letter that has the saying sound of T:

ת ת ת ת ח ח ת ח ת ח ח

Draw a circle around each letter that has the saying sound of CH:

ח ח ת ת ח ת ח ח ח ת ת

Draw a circle around each letter that has the saying sound of H:

ה ה ה ה ח ח ח ה ח ה ה

חַ חוֹ תֵ חֶ תוּ חֻ חָ תֶ	Circle CHEH
תִ תֵ חַ תָ חוֹ חָ תוּ תְ	Circle TAH
תוֹ חָ חְ תוּ תֶ תַ חוּ תָ	Circle TOO
הֵ חוֹ חַ הוּ הָ הִי חַ הֶ	Circle HAH

These words contain the letters you have been drilling.
Practice them with a classmate or read them to your teacher.

1 הוּא הִיא חַג הָהֵם

2 מַהֵר אֶחָד אַחַת בָּחַר אוֹרְחִים

3 חֹדֶשׁ אֱלֹהֵי לֶחֶם אַהֲבַת הַלַּיְלָה

4 מְנוּחָה תְּהִלָּה תְּחִלָּה לְהַתְחִיל שֶׁהֶחֱיָנוּ

5 שַׁבָּת אָבוֹת תּוֹרַת תּוֹרָתוֹ

6 חָבֵר חֲבֵרִים אָחִים אֲנַחְנוּ

7 חַיִּים אַהֲבַת הַבַּיְתָה יוֹדַעַת

8 אַחַת תַּחַת עִבְרִית

VOCABULARY READINESS

Words to Read and Understand

I	אֲנִי	father	אַבָּא
house	בַּיִת	no	לֹא
boy	יֶלֶד	mother	אִמָּא
girl	יַלְדָּה	you	אַתָּה
Jerusalem	יְרוּשָׁלַיִם	brother	אָח
who	מִי	sister	אָחוֹת

Connect the words.

בַּיִת house אַבָּא	אֲנִי I אָח	אָחוֹת you אַתָּה	לֹא who מִי	אִמָּא boy יֶלֶד

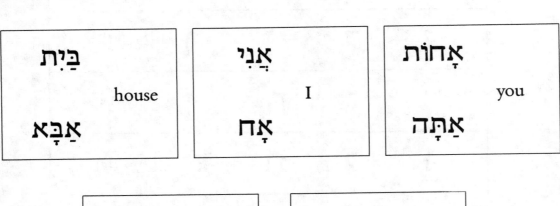

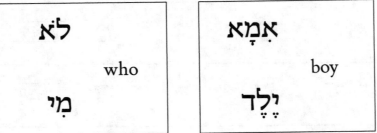

LETTER REVIEW

Circle the letter named in the box.

כּ	בּ	ע	ק	KOOF	1
תּ	שׂ	שׁ	כּ	SIN	2
ב	כ	ח	י	CHAF	3
א	ק	ר	ד	RESH	4
כּ	שׁ	בּ	ם	KAF	5
י	ק	ז	ך	NUN	6
ד	ך	ח	ן	CHAF	7
נ	ל	ת	שׁ	LAMED	8
א	ע	ה	מ	ALEF	9
ך	ח	כ	ה	CHET	10

שׁ	
1	שִׂים שָׂם שָׁם שָׂרִיד תָּשִׂים
2	יִשְׂרָאֵל יִשָּׂא יוֹשֵׁב עוֹשֶׂה עָשָׂה
3	שׁוֹאֵל עָשֶׂה תַּלְמִיד שְׁמִי שִׁישׁוּ

ק	
4	קוֹל קָדוֹשׁ קוֹמָה קָנֶה קוֹרֵא
5	קָדוֹשׁ קָרַע קַיָם קֶרֶן חֻקִּים
6	בֹּקֶר לִקְרֹא לִקְנוֹת בְּבַקָשָׁה מַדְלִיק

כּ	
7	כִּי כָּבוֹד כְּבוֹד כְּבוֹדוֹ כַּדּוּר כֵּן
8	כֶּלֶב כְּמוֹ כִּתָּה הַכֹּל כְּיִשְׂרָאֵל
9	מַלְכָּה כַּבֵּד כִּבּוּד בַּכִּתָּה בַּכֶּרֶם

כ	
10	יָכוֹל בָּכָה נָכוֹן אוֹכֵל אוֹכֶלֶת
11	בָּכֶם לָכֶם בְּרוּכִים הוֹלְכִים לִכְבוֹד
12	לִכְתּוֹב לָלֶכֶת כָּכָה כְּכֶתֶם תְּכֵלֶת

ך	
13	אֵיךְ לָךְ שֶׁלָךְ שְׁמֵךְ אֶרֶךְ מֶלֶךְ
14	בָּרֵךְ בָּרוּךְ לְבָרֵךְ מְבָרֵךְ מְבֹרָךְ
15	יִמְלוֹךְ הוֹלֵךְ לְבָבְךָ לָךְ כָּמוֹךְ שֶׁלָךְ

Look-Alike Letters

S שׂ	SH שׁ

Two letters in each row are different.

Cross out the two letters that do not belong.

שׁ שׁ שׁ שׁ שׁ שׁ שׁ שׂ שׁ שׁ שׂ שׁ

שׂ שׂ שׁ שׂ שׂ שׁ שׂ שׂ שׂ שׂ שׂ שׂ

Draw a circle around each letter that has the saying sound of SH:

שׁ שׁ שׂ שׁ שׂ שׂ שׁ שׁ שׁ שׂ שׂ שׁ

Draw a circle around each letter that has the saying sound of S:

שׂ שׂ שׂ שׁ שׁ שׂ שׂ שׁ שׁ שׁ שׁ שׂ

שֶׁ שִׁ שָׁ שׁוֹ שׁוּ שִׁ שַׁ שֶׁ Circle SHAH

שָׁ שֶׁ שַׁ שִׁי שְׁ שִׁי שֶׁ שֵׁי Circle SEE

שִׁי שָׁ שׁוּ שַׁ שׁוּ שֶׁ שׁוֹ שֶׁ Circle SHOO

Read:

שָׁלוֹם שְׁמַע שֵׁם שֵׁשׁ שִׁים תָּשִׁים

שָׂשׂוֹן מֹשֶׁה שָׂמֵחַ שִׂמְחָה עֹשֶׂה

VOCABULARY READINESS

Words to Read and Understand

king	מֶלֶךְ	classroom	כִּתָּה
yes	כֵּן	everything	הַכֹּל
morning	בֹּקֶר	creates	בּוֹרֵא
walks	הוֹלֵךְ	room	חֶדֶר
sits, lives	יוֹשֵׁב	please	בְּבַקָּשָׁה
asks	שׁוֹאֵל	blessed	בָּרוּךְ

Connect the words.

בָּרוּךְ	yes
הוֹלֵךְ	walks
בֹּקֶר	blessed
כֵּן	morning

הַכֹּל	creates
מֶלֶךְ	classroom
בּוֹרֵא	everything
כִּתָּה	king

LETTER REVIEW

Circle the letter named in the box.

שׁ	ז	נ	ע	ZAYIN	1
ב	תּ	ט	מ	TET	2
ח	בּ	פּ	כּ	PAY	3
ג	ד	נ	ז	GIMMEL	4
ב	פ	כ	ה	FAY	5
ח	מ	א	ט	MEM	6
ף	ר	ן	ם	FAY	7
ז	פ	ד	ר	DALET	8
פּ	ל	שׂ	שׁ	SHIN	9
ר	ה	ח	ת	HAY	10

ז

1 זֶה זֹאת זְמַן זוֹכֵר זֵכֶר זִיזֵי

2 זָהָב זְבוּב זְבוּבֵי זִלְזֵל מְזַלְזֵל

3 אֵיזֶה מְזוֹנוֹת מְזוּזָה מָזוֹן זִכָּרוֹן

ט

4 טוֹב טוֹבִים טָהוֹר קָטָן קְטָנוֹת

5 נְטִילַת שֶׁלֶט מֶלֶט שָׂדֶה וּבְטוּבוֹ

6 מָט מִטָּה מַטְבֵּעַ טָמַן טִמְטוּם

פּ

7 פֶּה פֹּה פֶּרַח פְּרִי פְּרָחִים

8 פֻּנַק כִּפָּה חוּפָּה אַפַּיִם מִתְפַּלֵּל

9 פְּנֵי פַּעַם לְהִתְפַּלֵּל עִפָּרוֹן מִשְׁפָּטִים

פ

10 יָפֶה נֶפֶשׁ תְּפִלָּתִי תְּפִילוֹת אֵיפֹה

11 אֶפְשָׁר אוֹפֶה לִפְנֵי הַגָּפֶן דֹּפֶק

12 נַפְשְׁךָ נִפְלָא כְּפִיר שׁוֹפֵט תְּפִלִּין

ף

13 אַף חוֹף שָׂרָף חָטַף קָטַף

14 קוֹף שָׁלַף אַשָּׁף חָרִיף הֶחֱרִיף

15 הַרְדוֹף מִחוֹף מָחוֹךְ מָכוֹן לְהִתְעַטֵּף

REMEDIATION

Look-Alike Letters

מ	ט

Two letters in each row are different.

Cross out the two letters that do not belong.

מ מ מ מ ט מ מ מ ט מ מ מ

ט ט ט מ ט ט ט ט ט מ ט ט

Draw a circle around each letter that has the saying sound of M:

מ מ מ מ ט ט מ ט מ מ מ ט

Draw a circle around each letter that has the saying sound of T:

ט ט מ ט מ מ ט מ מ ט ט מ

Circle MO מֶ מוּ טֶ טַ מוֹ מֵ מָ טוֹ

Circle TEE טֵי מֶ טִי מָ טַ טוֹ מִי טֶ

Circle MEH מִי מוּ מָ טֶ טַ מֶ טִי טוֹ

Read:

טוֹב שְׁבָט טַלִית נָטַע מַלְכֵּנוּ

אוֹמֵר הַמְבֹרָךְ הַפְטָרָה מְנוֹרָה

לְמַעַן יָמִים מִשְׁפָּט מַפְטִיר מַטְבִּילִין

VOCABULARY READINESS

Words to Read and Understand

skullcap	כִּפָּה	gets up	קָם
pencil	עִפָּרוֹן	children	יְלָדִים
comes	בָּא	small	קָטָן
answers	עוֹנֶה	there is	יֵשׁ
fruit	פְּרִי	here	פֹּה
where	אֵיפֹה	head	רֹאשׁ

Connect the words.

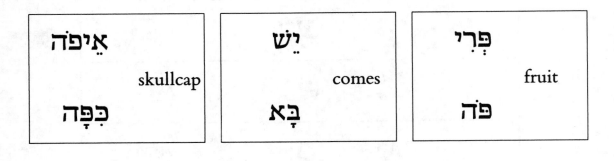

אֵיפֹה	
	skullcap
כִּפָּה	

יֵשׁ	
	comes
בָּא	

פְּרִי	
	fruit
פֹּה	

קָם	
	small
קָטָן	

עוֹנֶה	
	answers
רֹאשׁ	

LETTER REVIEW

Circle the letter named in the box.

ח	א	צ	ע	TSADEE	1
נ	ז	ד	ו	VAV	2
ם	ס	מ	ק	SAMECH	3
ף	ץ	ר	ן	TSADEE	4
מ	ל	ט	צ	MEM	5
צ	ה	ע	ג	AYIN	6
י	ז	שׁ	ו	ZAYIN	7
ן	ס	כ	ב	VET	8
כּ	פּ	בּ	תּ	KAF	9
שׁ	ו	י	ר	YUD	10

צ

1 צוּר צֵא צִיּוֹן צָבָא צְבָאָם

2 צֶדֶק צְדָקָה רוֹצֶה בֵּיצָה מַצָּה

3 צָרִיךְ הַמּוֹצִיא צִיצִית יְצִיאָה

ץ

4 עֵץ קֵץ רוּץ מִיץ אֶרֶץ

5 רָצוּץ עָצִיץ מֵלִיץ אַמִּיץ יוֹעֵץ

6 חָמֵץ חוֹפֵף הוֹלֵךְ פָּרַץ שָׂרַף

ו

7 וָרוֹד וְאֵת וְאֵל וָו וְשַׁבָּת

8 וַיִּשְׁמֹר וְנָתַן וְהָאָרֶץ וַיְכֻלּוּ וְאָהַבְתָּ

9 וְשָׁמְרוּ מִצְוָה מִצְוֹתֶיךָ בְּמִצְוֹתָיו

ס

10 סֶלָה סֵפֶר סִדּוּר כִּיס סֻכָּה

11 כִּסֵּא סַבָּא סַבְתָּא כֶּסֶף כְּנֶסֶת

12 חֶסֶד נִסִּים סַם קֶסֶם חוֹסֵם

REMEDIATION

Look-Alike Letters

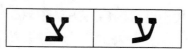

צ	ע

Two letters in each row are different.

Cross out the two letters that do not belong.

ע ע ע ע צ ע ע צ ע ע ע

צ צ ע צ צ צ צ צ צ ע צ

Draw a circle around each letter that has the saying sound of TS:

צ צ ע צ צ ע ע ע צ צ ע

Draw a circle around each letter that is silent:

ע ע צ ע ע ע ע צ ע צ צ

Circle AY: עַ צָ צוֹ עוּ עֵי צֶ צֵי עֶ

Circle TSAH: צוֹ עָ עוּ צַ צֶ צֶ עֶ צֵי

Circle TSOO: צֶ צוֹ צוּ עַ צָ עוּ צֵי צַ

Read:

עַם עַל עֶרֶב עַיִן רוֹצֶה מִצְוָה

צְדָקָה בֵּיצָה עָלֵינוּ עוֹזֵר עוֹלָם

צֶדֶק צִיּוֹן יוֹצֵר הַמּוֹצִיא הוֹצִיאָנוּ

REMEDIATION

Look-Alike Letters

M ם	S ס

Two letters in each row are different.

Cross out the two letters that do not belong.

ס ס ס ס ם ס ס ס ם ס ס

ם ם ם ס ם ם ם ס ם ם ם

Draw a circle around each letter that has the saying sound of S:

ס ס ס ס ם ם ס ם ס ס ם

Draw a circle around each letter that has the saying sound of M:

ם ס ם ם ס ם ם ס ם ס ם

Circle EEM

אָם וֹם אִים עַם עֶם אִיס

Circle SOO

סוֹ אוּם סוּ סָ עַם סֶב

Circle SAY

סִי סוֹ סֶ עֵם סֵי אִם

Read:

עַם גַם יוֹם הֵם סֻכּוֹת סְבִיבוֹן

מִסְפָּר חַיִּים נָעִים חֶסֶד סֵפֶר נִסִּים

27

VOCABULARY READINESS

Words to Read and Understand

land	אֶרֶץ	grandmother	סַבְתָּא
tree	עֵץ	he	הוּא
siddur	סִדוּר	synagogue	בֵּית-הַכְּנֶסֶת
book	סֵפֶר	we	אֲנַחְנוּ
chair	כִּסֵא	school	בֵּית-סֵפֶר
stands	עוֹמֵד		

Connect the words.

בֵּית-הַכְּנֶסֶת	we
סֵפֶר	book
אֲנַחְנוּ	stands
עוֹמֵד	synagogue

סִדוּר	land
אֶרֶץ	tree
עֵץ	siddur
הוּא	he

ALEF-BET REVIEW

Say the name of each Hebrew letter.
Say the sound each letter makes.

א בּ ב ג ד ה ו ז

ח ט י כּ כ ך ל מ ם

נ ן ס ע פּ פ ף צ ץ

ק ר שׁ שׂ תּ ת

Practice the order of the Alef-Bet.

Fill in the missing letters.

_בּב   ג_ה   וז_   טי_

ל_ם   נן_   _פּפ   צץ_

_שׁשׂ   ס_פּ   ח_י   שׁ_ת

_מם   _דה   י_כ   ק_שׁ   ו_ח

1 רוּךְ רֶךְ רָךְ רְכוּ רָכָה רָכוֹת
2 בָּרוּךְ בָּרְכוּ בְּרָכָה בְּרָכוֹת
3 בָּרֵךְ בָּרֵךְ מְבָרֵךְ הַמְבָרֵךְ
4 יְבָרֵךְ מְבֹרָךְ הַמְבֹרָךְ
5 קָדוּ קָדוּ קָדוּ קַדְ קַדְ קַדְ
6 קָדוֹשׁ קַדֵּשׁ קִדּוּשׁ קְדוֹשִׁים
7 קִדְּשָׁנוּ קַדְּשֵׁנוּ קִדַּשְׁנוּ נַקְדִּישׁ
8 מְקַדֵּשׁ נְקַדֵּשׁ קְדוּשָׁה קְדֻשָּׁתוֹ
9 אֶ לֵא ל אֵל לֵאל כְּאֵל
10 אֱלֹהַי אֱלֹהֵי אֱלֹהִים לֵאלֹהִים
11 אֱלֹהֵינוּ כֵּאלֹהֵינוּ כֵּאלֹהֵינוּ לֵאלֹהֵינוּ
12 בָּרָה בּוֹרֵא בּוֹרֵא וּבוֹרֵא

1 לֶךְ לֹךְ לָךְ תָּךְ כוּת כּוּתוֹ

2 מֶלֶ מַל מְלָ מָלָ מְלָ מֶלֶךְ

3 מַלְכֵי מְלָכִים מְלֹךְ מָלָךְ מַלְכֵּנוּ

4 יִמְלֹךְ מַלְכוּת מַלְכוּתוֹ וּמַלְכוּתוֹ

5 דוֹל דַל דוֹלוּ דְלוּ דוֹל דוּל

6 גָּדוֹל גַּדֵל גְּדוֹלָה גָּדְלָה

7 גַּדְלוּ גְּדוֹלוֹת גְּדֹלוֹת

8 טוּ ט טִי מ טוּ תֵּיךְ בֵךְ

9 טוֹב טֹבוּ טוּב וְטוּבוֹ

10 טוֹבוֹת טוֹבוֹתֶיךָ מֵטִיב מְטוּבְךָ

וְנוּ   צָוֹת

צִוִּיתָנוּ

3   מִצְוָה   מִצְוֹת   מִצְוֹתָיו   בְּמִצְוֹתָיו

4   מַ   מַע   מֵע   מֹע   שָׁמַע

5   שָׁמַע   שׁוֹמֵעַ   יִשְׁמַע   שָׁמַע

6   אוּ   אַ   הֵב   בָה   הֶב   הֵב

7   אוֹהֵב   אַהֲבָה   אַהֲבַת   בְּאַהֲבָה

8   כָּל   וְכָל   בְּכָל   לְכֹל   וְכֹל

9   שַׁבָּת   שַׁבַּת   שָׁבַת   יִשְׁבֹּת

10   בּוֹחֵר   הַבּוֹחֵר   בָּחַר   בָּחַרְתָּ

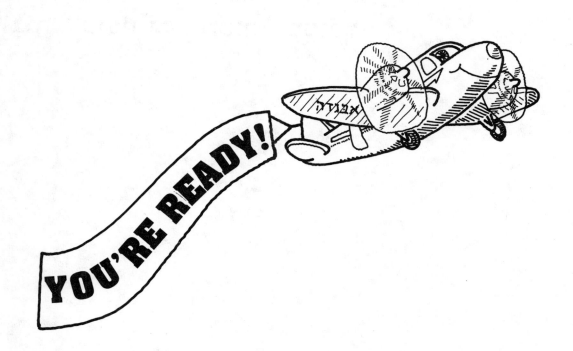

YOU'RE READY!